NÉCESSITÉ DE FONDER
DES MAISONS RURALES D'ASILE
ET
D'APPRENTISSAGE
POUR LES ENFANTS PAUVRES.

Appel aux hommes de bien pour la fondation de la première Maison d'apprentissage, à Maintré, près Poitiers.

> « Quiconque aura donné seulement à boire un verre d'eau froide à l'un des plus petits comme étant de mes disciples; je vous dis en vérité qu'il ne perdra point sa récompense. »
>
> St. Mathieu, chap. 10, vers. 42.

> « Laissez venir à moi les petits enfants et ne les empêchez point car le royaume de Dieu est pour ceux qui leur ressemblent. » St-Mathieu, ch. 19.

S'ADRESSER

Pour tous les renseignements à MM. Jouanne et Gauvain, propriétaires à Maintré, commune de Saint-Benoît, près Poitiers (Vienne), *affranchir.*

1846

PLAN ET DISTRIBUTION DE CETTE NOTICE

Introduction: *Les huit institutions primaires de bienfaisance et les ressorts élémentaires de Bienfaisance intégrale.*

1re PARTIE. — Utilité des maisons d'apprentissage et facilités de fondation.

§ 1. Avantages de ces institutions pour les enfants pauvres, les orphelins, les enfants naturels et les enfants trouvés.

§ 2. — Fondation par application de la méthode de bienfaisance lucrative.

    (1) Devis de fondation; recettes et dépenses; statuts de la souscription.

2e PARTIE — Soins dont les enfants seront l'objet notamment sous le rapport du travail et de l'instruction.

§ 3 Industries fondamentales des maisons rurales.

§ 4. Principaux objets d'enseignement.

    (1) Maison d'apprentissage de Maintré.

    (3) Fondateurs et souscripteurs.

3e PARTIE. — Détails organiques sur les maisons d'apprentissage.

§ 5, Administration, et garanties administratives.

    (4) Statuts administratifs.

§ 6. Méthode de participation graduée de tous à tout.

    (5) Réglements intérieurs.

4e PARTIE. — Détails spéciaux sur l'éducation naturelle.

§ 7. Vocations industrielles des enfants.

    ... TOUT EST DANS TOUT, ou le Télémaque, remplacé par le four à éclosion, qui devient pour l'enfant une initiative à toutes les connaissances.

§ 8. MAISONS RURALES d'asile et de travail pour les classes ouvrières de tout âge.

Extension *du procédé de bienfaisance unitaire à la solution de plusieurs questions de haut intérêt.*

    (Extrait de la deuxième partie)

NOTICE

SUR LA NÉCESSITÉ DE FONDER

DES

MAISONS D'APPRENTISSAGE

POUR LES ENFANTS PAUVRES.

Paris. — Imprimerie de Lacour et comp., rue St-Hyacinthe-St-Michel, 33.

NÉCESSITÉ DE FONDER

DES MAISONS RURALES D'ASILE

ET

D'APPRENTISSAGE

POUR LES ENFANTS PAUVRES.

Appel aux hommes de bien pour la fondation de la première Maison d'apprentissage, à Maintré, près Poitiers.

> « Quiconque aura donné seulement à boire un verre d'eau froide à l'un des plus petits comme étant de mes disciples, je vous dis en vérité qu'il ne perdra point sa récompense. »
> St. Mathieu, chap. 10, vers. 42.

> « Laissez venir à moi les petits enfants et ne les empêchez point car le royaume de Dieu est pour ceux qui leur ressemblent. » St-Mathieu, ch. 19.

S'ADRESSER

Pour tous les renseignements à MM. Jouanne et Gauvain, propriétaires à Maintré, commune de Saint-Benoît, près Poitiers (Vienne), *affranchir*.

1845

PREMIÈRE PARTIE.

Détails élémentaires sur le but et l'utilité des Maisons d'apprentissage et l'extrême facilité de leur fondation par application de la méthode de Bienfaisance unitaire.

—

§ I. — *But des Maisons rurales d'asile et d'apprentissage ; Nécessité et opportunité de leur fondation.*
Enfants pauvres, orphelins, enfants naturels, enfants trouvés.

Réunir successivement dans un seul grand ménage et à la campagne une masse de cent soixante à deux cents enfants, appartenant à des familles pauvres ou peu aisées ; — employer ces enfants utilement sous la surveillance de vingt à trente maîtres conducteurs, à des travaux de culture, de fabrique et de ménage ; — leur procurer toutes les connaissances nécessaires pour qu'ils arrivent à posséder de bonne heure une ou plusieurs professions lucratives ; — enfin leur donner l'instruction élémentaire indispensable aux différents besoins de la vie, et leur inculquer dès leurs plus tendres années la pratique des devoirs et les habitudes d'ordre et d'économie ; tel serait le but des établissements dont nous proposons la fondation sous le nom de Maisons rurales d'apprentissage.

Il n'est pas de questions plus intéressantes, au point de vue de l'ordre et des bonnes mœurs, que celles qui se rattachent à l'amélioration des classes ouvrières. Et

parmi ces nombreuses questions , qui tendent aujour-
d'hui à devenir un sujet de préoccupation générale, il
n'en est certes pas de plus importantes que celles qui
ont pour objet les enfants du peuple, leur bien-être,
leur instruction, leur moralité. Sous ce rapport, la fondation de Maisons d'apprentissage mérite de fixer l'attention de tous les hommes de bien qui sentent la nécessité de remédier aux souffrances des classes pauvres.
Il ne peut être douteux pour personne qu'un établissement analogue à ceux qui nous occupent , présentant
toutes les conditions de bien-être et d'économie, ne
fût d'une immense utilité dans chaque canton ; nous
dirions même dans chaque commune : ce serait un
asile pour tous les enfants de la classe ouvrière.

Parmi ces enfants, beaucoup se trouvent abandonnés
à eux-mêmes et prennent peu à peu le chemin de l'in-
conduite. Leurs parents, obligés de vaquer à leurs travaux incessants, ne peuvent pas les surveiller autant
que cela serait nécessaire pour imprimer à ces jeunes
intelligences une direction vers le bien. D'ailleurs en
auraient-ils le temps et la volonté (qui peut-être leur
manque tout aussi bien que le loisir), qu'ils ne le pourraient le plus souvent pas , faute d'aptitude et d'instruction suffisante ; et combien souvent voit-on les malheureux ouvriers, bien loin d'inspirer à leurs enfants des
principes de probité et de vertu, leur donner, au contraire, les exemples les plus pernicieux !!! Ces cas sont
plus fréquents que l'on ne pense ; mais seraient-ils ex-
ceptionnels, qu'ils n'en seraient pas moins funestes ; en
effet, les enfants pauvres qui ne reçoivent de leurs parents que de sages préceptes et de bons exemples, se
trouvent constamment en contact avec des enfants déjà
viciés et corrompus ; ils oublient peu à peu les leçons

de la famille, et la contagion du vice finit par les gagner. C'est surtout dans les villes et les pays manufacturiers que ces résultats se manifestent dans toute leur étendue. Ne serait-ce pas un immense service à rendre à la société entière que de fonder des maisons d'asile et de travail où une discipline, sans être rigide, formerait ces enfants à l'ordre et à la tranquillité, en ferait des hommes laborieux, économes, paisibles et honnêtes, au lieu de ces masses d'ouvriers que la fainéantise et la débauche enrôlent dans les crimes de toute espèce, les émeutes et les conspirations tendant au bouleversement de la société?...

Par l'institution de maisons d'apprentissage, les enfants et la société gagneraient non-seulement sous le rapport de l'ordre et des bonnes mœurs, mais encore sous le rapport du bien-être et de l'instruction.

On a cherché récemment à améliorer l'état des enfants qui travaillent dans les manufactures. Une loi bienfaisante a fixé les limites à la durée de leur travail. On a pris également des mesures pour généraliser l'instruction primaire. Mais ne resterait-il rien à faire? Ce n'est pas seulement la trop longue durée du travail qui préjudicie aux enfants des fabriques et manufactures; l'insalubrité des ateliers, une nourriture malsaine, altèrent profondément leur santé; mais c'est surtout le contact d'hommes et d'enfants viciés et corrompus qui influe sur leur intelligence de la manière la plus fâcheuse, en détruisant en eux jusqu'au dernier germe de bien que la nature pouvait y avoir semé. Les maisons rurales d'apprentissage réuniraient tous les avantages de surveillance tutélaire, de conditions hygiéniques et sanitaires, et, ce qu'il est impossible de procurer aux enfants du peuple dans l'ordre actuel, le travail combiné avec l'instruction. Dans l'état de choses qui existe, les heures de classe des écoles et les heures de travail de l'atelier n'ont entre elles aucune corrélation ; les ateliers et les écoles ne sont point en contiguité, de sorte que l'enfant ne peut fréquenter en même temps les unes et les autres ; enfin, l'objet des études n'est point identifié à l'objet des travaux, ainsi que cela serait dans un système qui ferait marcher de front la pratique et la théorie. Bref, il y a dans ce qui concerne le travail et l'instruction des enfants pauvres : incohérence, défaut de liaison, manque de combinaison...

A ne considérer les maisons rurales d'apprentissage qu'à titre d'asiles pour les enfants pauvres et indigents, il est incontestable qu'elles rendraient d'immenses services en formant ces enfants, dès leurs plus jeunes années, au travail qui engendre toujours l'esprit d'ordre et les bonnes mœurs. Il est surtout une classe d'enfants pour qui l'établissement de ces maisons serait un immense bienfait. Nous parlons des enfants trouvés.

« D'ordinaire, on éparpille ces petits malheureux dans les petits ménages de pauvres paysannes qui en prennent soin pendant leurs premières années. Sans doute, l'allocation que paie l'administration aux dépositaires de ces enfants suffit pour les élever et indemniser ceux qui s'en chargent ; quelque faible que soit cette rétribuion, elle doit même leur offrir un bénéfice assez fort, si l'on en juge par l'empressement qu'ils mettent à rechercher ces enfants : sans la perspective du gain, ils ne seraient point attirés aux hospices en nombre décuple des enfants à placer. Et supposé donc, que l'administration continuât la même allocation aux maisons d'apprentissage, on peut assurer que les enfants admis jouiraient d'un bien-être de beaucoup supérieur à ce-

lui qu'ils peuvent trouver dans de petits ménages in-
cohérents, chez des paysans grossiers et dont la moralité n'est pas toujours à l'abri de quelque reproche.
C'est un fait que l'on ne peut mettre en doute, car les
immenses économies qui résultent de la réunion d'un
grand nombre d'individus soignés dans la même maison, alimentés par une seule cuisine, ne sont aujour-
d'hui contestées de personnes. »

» Malgré les soins de l'administration, on arrive dif-
ficilement à pourvoir avec quelque efficacité au bien-
être physique et moral de ces enfants, et bon nombre
d'entre eux se trouvent souvent à un certain âge lancés
dans le monde sans appui et sans moyen d'existence;
ils se portent au mal, et viennent en définitive peupler
les prisons et les bagnes, comme il est souvent avéré
par les archives de nos tribunaux. On éviterait ces fâcheux résultats par l'établissement de maisons rurales
d'asile, où ils recevraient l'éducation théorique et pratique désirable, prendraient le goût du travail et appren-
draient quelque profession lucrative qui, une fois sortis
de la maison, les mettrait à l'abri de la misère. La société se trouverait ainsi débarrassée d'une foule de
mendiants et de vagabonds. — De plus, il est probable
que ces enfants gagneraient leurs dépens dès l'âge de
8 à 9 ans, et cesseraient dès lors d'être à la charge des
hospices. En passant un traité avec l'administration à
l'effet de rester maîtres de ces enfants jusqu'à l'âge de
16 à 18 ans, il serait même ultérieurement facile de les
admettre sans aucune rétribution pécuniaire; le produit de leur travail pendant leurs dernières années de
séjour dans la maison, indemniserait suffisamment
celle-ci des frais d'apprentissage, qu'ils lui auraient
nécessairement coûté dans leurs premières années.

L'État se verrait ainsi dégrevé d'une dépense énorme dont ni la suppression des tours, ni tous autres moyens analogues n'arriveront à le débarrasser, sans produire de funestes résultats au sein de la société.

» D'autres classes d'enfants trouveraient également de grands avantages dans l'établissement de maisons d'asile, où l'enseignement de quelques professions lucratives serait joint à l'enseignement des premières notions intellectuelles ; les orphelins et les enfants naturels sont dans ce cas. Un grand nombre des premiers ne peuvent être admis dans les collèges et institutions, dont le prix est trop élevé, et demeurent à la charge de leurs tuteurs ; qui, le plus souvent, sont eux-mêmes absorbés par les soins qu'ils donnent à leurs propres enfants ; ils placeraient volontiers leurs pupilles dans un établissement qui leur procurerait tous les soins désirables. De même beaucoup de personnes qui, pour un motif quelconque, ne peuvent ou ne veulent pas reconnaître leurs enfants naturels, bien que portés cependant à faire quelques sacrifices pour les élever, seraient bien aises de les placer dans les maisons rurales d'asile. Il est probable que lors de la généralisation de ces établissements toute exposition d'enfants naturels cesserait, vu la facilité de les placer dans les maisons d'asile. Ces deux classes d'enfants seraient précieuses en ce qu'on pourrait exiger de bon nombre d'entre eux une assez forte pension. L'établissement aurait aussi l'avantage de voir ces enfants, ainsi que les enfants trouvés, s'y attacher beaucoup plus, et le considérer bientôt comme leur véritable maison paternelle. »

Enfin, parmi les ouvriers et petits artisans, les plus aisés sentiraient eux-mêmes tout l'avantage de ces sortes d'établissements pour leurs propres enfants, et s'empresseraient de les y placer. Ils y trouveraient en effet, avec une grande économie de temps et d'argent, et pour une modique pension, une éducation profession- nelle, qu'ils sont généralement dans l'impossibilité de leur donner ou faire donner, même en payant fort cher.

Le genre d'établissement que nous proposons pré- sente donc la perspective d'un brillant avenir. Il est hors de doute pour nous, que dans un temps peu éloi- gné, la réalisation de notre idée sera générale. A n'en pas douter, des mesures seront successivement prises par l'autorité, mesures qui auront pour but de combler beaucoup des lacunes que présente l'éducation profes- sionnelle: on a déjà modifié l'enseignement des collè- ges, en rendant l'instruction qu'on y donne plus posi- tive ; la Prusse envisageant la réforme dans un sens plus large, a fondé nombre d'écoles où l'enseignement des langues mortes est remplacé, comme dans l'école François 1er à Paris, par des études théoriques plus im- médiatement applicables dans l'industrie ; en Allema- gne, on a essayé de combiner la pratique à la théorie, et, dans beaucoup de localités, une école d'agriculture est annexée à l'école primaire ; la France ne saurait de- meurer longtemps en arrière : nous aurons bientôt, comme complément aux lois sur l'instruction primaire et sur le travail des enfants, une loi qui régularisera le contrat d'apprentissage, et tendra à la répression des nombreux abus auxquels il donne si souvent lieu ; il n'est même pas douteux de voir l'autorité elle-même intervenir dans la fondation d'établissements modèles d'éducation pratique. Ce ne peut être qu'un motif d'en- couragement pour ceux qui veulent prendre l'initiative de ces fondations. Il sont assurés de rencontrer dans leur tentative, l'appui de l'autorité.

Un publiciste aussi habile que judicieux, écrivait, il y a quelques années, en parlant de l'Institut de Ménars fondé par le prince de Chimay : « On sentira bientôt » généralement le besoin de voir s'élever des Instituts, » des Écoles, des Colléges, dequelque nom qu'on veuille » les appeler, plus en harmonie avec l'état présent des » choses, avec les mœurs nouvelles, avec le mouve- » ment et la direction des esprits ; où les enfants puis- » sent recevoir une éducation qui réponde mieux aux » exigences diverses de position, de fortune ou d'am- » bition de famille, exigences auxquelles il faut satis- » faire, pour ne blesser aucun sentiment, ni froisser » aucun intérêt........ » Or, ces institutions dont M. Émile de Girardin prévoyait la nécessité, quelles se- raient-elles, à part toutefois les établissements d'édu- cation pratique plus spécialement destinés aux classes riches, quelles seraient-elles, sinon la maison d'appren- tissage élémentaire dans chaque commune pour les en- fants de 5 à 12 ans; puis la maison d'apprentissage supérieur pour les enfants de 12 à 16 et 18 ans??..— Dans les premières les enfants recevraient les notions pratiques élémentaires. En se livrant à des occupa- tions nombreuses, variées et toutes appropriées à leurs faibles forces, ils acquerraient des connaissances géné- rales dans un grand nombre de travaux, et prendraient goût à un ou plusieurs genres d'industrie. On n'arri- vera jamais à ce que les enfants prennent une profession selon leur vocation, tant qu'on ne leur en présentera pas plusieurs dans lesquelles ils puissent s'essayer avant d'opter définitivement pour l'une ou pour l'autre. L'exercice préliminaire de la presque totalité des tra- vaux de la maison d'apprentissage auquel les enfants se livreraient pendant leurs premières années, leur per- mettrait de choisir librement et suivant leur inclination et leur aptitude naturelle la profession à la pratique de laquelle ils devraient ultérieurement se livrer d'une manière plus exclusive. Déjà les enfants dès l'âge de 12 à 14 ans seraient suffisamment instruits dans beaucoup de professions qui ne demandent qu'un apprentissage très-court, comme sont la plupart des travaux agrestes. Ceux qui voudraient s'y perfectionner, ou qui auraient choisi des professions d'un apprentissage plus difficile, trouveraient dans les maisons d'apprentissage supérieur, en même temps qu'une instruction intellectuelle moins limitée, l'enseignement pratique destiné à compléter leur éducation professionnelle.

L'importance de semblables établissements comme écoles d'éducation industrielle pour les enfants des classes laborieuses ressort d'elle-même. Nous n'avons pas besoin de nous y arrêter plus longtemps. Quant à l'efficacité du travail employé comme moyen de consolider la moralité des enfants du peuple, arrêter leur corruption, c'est un fait établi et qu'il n'est plus permis désormais de mettre en doute. Des établissements qui ont beaucoup de rapport avec celui que nous proposons ont consacré par leurs succès la vérité de ce que nous avançons. En parlant des résultats de la colonie de Mettray, *fondée avec de jeunes détenus*, M. de Metz, l'un des fondateurs de cette colonie, s'exprimait ainsi : « Ce ré-
» sultat inespéré, nous l'avons obtenu, et nous avons
» réussi avec la population dont nous nous sommes
» chargés. Maintenant il n'y a plus d'objection possible,
» et notre régime s'appliquera avec beaucoup plus de
» facilité aux orphelins, aux enfants trouvés, aux enfants
» pauvres ou abandonnés. — Aussi voyons-nous avec
» bonheur les hommes d'un mérite éminent, apparte-
» nant aux plus hautes positions sociales, ne pas hési-

» ter à donner leur nom aux nouvelles institutions qui
» se fondent de toutes parts. C'est à l'heureuse impul-
» sion de Mettray, c'est à cette généreuse tendance de
» notre époque pour l'amélioration des classes pauvres
» que nous devons, nous sommes heureux de le dire,
» la fondation des colonies de Mesnil Saint-Firmin, de
» Petit-Bourg, d'Allouville, de Saint-Antoine, du Petit-
» Mettray, près Amiens, désignation certes beaucoup
» trop modeste pour une institution fondée par un
» homme aussi éminent que M. de Renneville; de Mar-
» seille; de la basse Camargue, de Montbelley, de Bon-
» neval, du Petit-Quevilly, de Montmorillon, et enfin
» de Saint-Hillau, fondée par la charité infatigable de
» M. de Clisieux, au profit de toutes les classes d'enfants
» malheureux (22 juin 1845). »

Après ces assertions d'un homme à qui reviendra en grande partie, la gloire d'avoir donné cette belle impulsion; après l'imitation dont Mettray a été l'objet par la fondation des colonies précitées, serait-il permis de douter du succès. Notre but est le même; l'exécution repose sur les mêmes principes. Seulement, voulant rendre applicable à toutes les communes rurales la fondation de ces établissements utiles, nous avons dû en modifier la forme, comme aussi changer cette dénomination de colonies agricoles, qui ne convenait plus pour désigner des institutions aussi restreintes : le nom de Maisons rurales d'apprentissage nous a paru convenable, nous l'avons adopté.

Nous ne terminerons point ce paragraphe sans faire remarquer que ces établissements pourraient être disposés de manière à recevoir les deux sexes dans deux corps de bâtiments séparés de la maison. L'éducation pratique des jeunes filles, et surtout, des jeunes filles pauvres, est ar-

rièréeà un degré vraiment étonnant; à part quelques rares
établissements connus sous le nom d'*Ouvroirs*, et bien
insuffisants, il n'existe point d'institutions pour l'instruction professionnelle des jeunes filles. C'est pourtant
souvent la seule dot de ces pauvres enfants, que le travail ! Elles trouveraient dans les maisons d'apprentissage à s'exercer en différents travaux comme laiterie et
fromagerie, conserve des fruits et légumes, boulangerie, cuisine et autres fonctions de ménage, tous travaux dans lesquels excellent ordinairement les jeunes
filles et qui feraient d'elles des femmes économes,
d'ordre, en un mot d'excellentes ménagères. Indépen-
damment des travaux d'intérieur de maison, les petites
apprenties trouveraient dans les maisons rurales divers
genres d'industrie dont chacun serait pour elle un mé-
tier productif; le blanchissage, la couture, la lingerie,
la broderie, etc, leur fourniraient en effet une instruction professionnelle qui suffirait dans l'avenir à les
garantir de la misère et leur vaudrait assurément un
avantage égal à celui que pourrait leur donner la pos-
session d'un petit pécule. Enfin, sous le rapport de l'é-
ducation morale et religieuse, les maisons d'asile seraient
pour les jeunes filles un immense bienfait qui refluerait
bientôt sur la société entière. Chacun admet la grande
influence de la mère sur l'éducation de ses enfants. On
sait aussi combien est grande généralement, l'ignorance
des femmes du peuple. Ce serait donc une œuvre de la
plus haute importance, que de faire, suivant l'expres-
sion de M. Aimé Martin, (éducation des mères de famille), des mères de famille qui sauraient élever leurs
enfants. On atteindrait ce résultat par des établissements où les jeunes filles seraient placées jusque à l'âge

de 12 et même 14 et 15 ans, sous une direction intelligente et tutélaire.

Toutes ces considérations nous donnent lieu d'espérer que les hommes éclairés qui savent combien il importe au repos des classes supérieures de la société de faciliter l'avénement des classes laborieuses au bien-être, comprendront la haute utilité des Maisons rurales, et viendront en activer la fondation par leur bienfaisant concours. Notre entreprise primitive exigera de bien moins grands efforts que l'établissement des colonies agricoles, instituées sur un plan moins resserré. Nous en rendrons la fondation plus facile encore par l'emploi de nouveaux ressorts; en ouvrant pour cet établissement une souscription philantropique par laquelle les souscripteurs conserveront néanmoins la propriété des sommes par eux versées, et auront droit à un minimum d'intérêt annuel prélevé sur les bénéfices d'exploitation, nous sommes certains d'élargir le cercle de nos coopérateurs en même temps que de faciliter à chacun d'eux une coopération plus grande. S'il a suffi de deux années de persévérance pour couvrir la France de trois cents écoles d'enseignement mutuel, serait-ce trop présumer à nous que d'admettre, avec de tels moyens pour les Maisons d'apprentissage, une propagation dix fois plus rapide. La carrière que nous ouvrons présente donc pour tous une belle perspective de gloire facile à acquérir et surtout éminemment profitable aux malheureux.

§ 2. — *Considérations élémentaires sur la Bienfaisance lucrative et les avantages de cette méthode comme moyen d'accélérer la propagation des établissements de bienfaisance. — Application à la fondation des maisons d'apprentissage.*

Ce qui doit recommander d'une manière toute spéciale auprès des personnes généreuses les institutions dont nous proposons la fondation, c'est qu'elles se rattachent à tout un système de bienfaisance intégrale, c'est-à-dire de bienfaisance satisfaisant les intérêts de tous, partant ceux du bienfaiteur comme ceux du malheureux. C'est là ce qui donne aux maisons d'asile, telles que nous en concevons l'organisation, une importance bien supérieure à celle des œuvres de charité ordinaire, aumônes et donations. Pour faire entrevoir la grande importance de cette méthode, et ressortir quelques uns des nombreux avantages que l'application en présenterait, il nous suffira de porter l'attention sur une seule des conditions qu'elle doit remplir; celle du bénéfice. Bien loin, en effet, d'être donné, sacrifié, le capital de fondation des maisons d'apprentissage, serait tout simplement *avancé;* il serait formé comme nous venons de le dire en terminant le précédent paragraphe, au moyen de souscriptions représentées par tout le matériel de ces établissements et rapportant intérêt aux souscripteurs.

Cette méthode de fondation philanthropique lucrative est entièrement opposée au système suivi jusqu'à ce jour dans les œuvres de charité. Il semble au premier abord qu'il ne doive pas en résulter plus d'avantages pour le succès de l'entreprise et surtout pour le profit du malheureux. Profonde erreur! C'est l'unique moyen de généraliser les œuvres de bienfaisance, en faciliter la fondation dans toutes les localités, et avec une rapidité que l'on ne peut rencontrer dans les moyens ordinaires. Que de personnes en effet seraient flattées de faire un placement avantageux qui en même temps serait utile aux malheureux ! Et dans cette nombreuse cathégorie, combien en est-il qui se contenteraient volontiers d'un intérêt modeste, ou qui seraient même disposées à faire le complet abandon de tout intérêt, au profit de l'entreprise, surtout dans les premières années; mais qui pourtant ne peuvent pas, ou ne veulent pas se déssaisir de la propriété de leur capital !! Qu'on y réfléchisse, ce nombre est immense.

Ces personnes appartiennent généralement à la classe moyenne; elles ne possèdent qu'un avoir médiocre et se trouvent par des raisons de prudence obligées d'en conserver la libre disposition. Elles ne peuvent concourir que bien faiblement à la fondation des établissements charitables ayant leur appui dans l'aumône. Mais elles n'hésiteraient pas à prendre quelques coupons d'action dans les maisons rurales, parce qu'elles seraient assurées de pouvoir, dans des circonstances fâcheuses, retirer leur petit capital, pour en user suivant leur besoin. Cette crainte d'un avenir fâcheux est ordinaire chez la plupart des personnes qui n'ont qu'une médiocre aisance; elle n'est dictée que par un sentiment de prudence et de circonspection fort légitime. On voit tant d'exemple de revirements de fortunes, tant de malheurs imprévus !!! Il n'en est pas moins vrai que cette crainte paralyse bien des sentiments généreux, et entrave l'élan de charité chez un grand nombre de personnes. Le mode d'organisation des maisons d'apprentissage, en garantissant aux souscripteurs la propriété de leur versement; par hypothèque sur tout le matériel de l'entreprise, et en laissant aux actionnaires la faculté de reprendre leur argent pour en disposer au besoin, permettrait à ces personnes bienveillantes de contribuer à ces œuvres méritoires, aussi bien que les personnes mieux favorisées de la fortune.

Ajoutons aussi, que ces personnes riches pourraient contribuer et contribueraient inévitablement, d'une manière beaucoup plus large, à la fondation des maisons d'apprentissage, qu'elles ne le font pour les établissements analogues qui ne prospèrent que de donations et de charités, de tout point assimilables à l'aumône. Elles pourraient affecter une somme beaucoup plus forte à l'établissement de ces institutions, parce qu'elles auraient la certitude que leur capital leur rapporterait intérêt, même dès la première année. Elles seraient toujours libres de faire, pour une certaine partie de ce capital, abandon total de l'intérêt en faveur de l'établissement; ce qui vaudrait à celui-ci le même avantage qu'un don, tout en conservant au bienfaiteur la propriété de ses avances primitives. Il est des conditions dans lesquelles les dons dépouillent le caractère vicieux inhérent aux aumônes; tel est le cas, par exemple, où la valeur de ces dons est proportionnée au surcroît de bénéfice, que le zèle et l'intelligence du travailleur ont produit. Ils se rallient alors aux intérêts de ce dernier, comme à ceux du capitaliste qui lui a fait des avances de fonds. Mais ceci nous amènerait à parler des dons unitaires. Ce que nous venons de dire des avances constate suffisamment l'excellence de cette méthode, comme moyen de recruter aux œuvres de bienfaisance un plus grand nombre de coopérateurs.

La bienfaisance, qu'on en soit bien convaincu, est

appelée à devenir une véritable science; ses moyens
d'action se perfectionneront. Déjà ou a reconnu les in-
convéniens de l'aumône qui encourage la paresse et
les autres vices que celle-ci entraîne. « Ce sont des tra-
» vaux et non des aumônes, dit M. Huerne de Pom-
» meuse, qu'il faut offrir à tous. les individus qui sont
» en état de travailler, quelque faible que puisse être
» chez eux cette faculté; car un seul franc que gagne
» un indigent, lui vaut en l'encourageant, bien plus
» de profit que plusieurs qu'on lui donne, comme une
» aumône qui tend à le dégrader, s'il est capable de
» travailler. »

Du travail, l'instruction qui rend le travail intelli-
gent, et par cela même en augmente le produit, puis
l'avance des outils nécessaires au travailleur, tels sont
les moyens que l'on essaie aujourd'hui de substituer à
l'aumône pure et simple. C'est d'après ces principes
que les nouvelles institutions de bienfaisance s'orga-
nisent. Ce sont là, sans doute, de grandes améliorations.
Aussi voit-on se multiplier en France, les colonies agricoles d'enfants, toutes instituées d'après ces nouvelles
bases. Mais quelle impulsion recevrait la propagation
de ces établissements, si leur fondateurs, renonçant à
la voie des sacrifices, substituaient au système des donations une méthode, par laquelle leurs coopérateurs
conserveraient la propriété de leurs souscriptions! Ils
obtiendraient un concours au moins centuple de celui
qu'on leur accorde!

L'esprit de charité, dans son zèle pour l'anéantisse-
ment du mal, ne dédaigne pas de tirer parti du plaisir
même du riche : on donne des bals et des specta-
cles au profit des malheureux. C'est allier le plaisir à
la bienfaisance. Pourquoi dans le même but n'utiliserait-

on pas l'instinct d'économie, dont la satisfaction, ce nous semble, est bien aussi légitime que les bruyants plaisirs du monde. En organisant des loteries de bienfaisance, fait-on autre chose que stimuler à une bonne action par l'appât du gain! Du moins, dans la méthode que nous proposons, les économies du pauvre, placées sur les maisons rurales, ne courraient point les chances du hazard; comme dans les loteries, où tant de malheureux éblouis par la perspective d'atteindre à la fortune par un coup du sort, viennent engloutir le peu d'argent qu'ils possèdent. Établir des souscriptions unitaires joignant à l'emploi charitable, toute la sécurité possible, ce serait combiner les avantages d'une fondation utile à ceux des caisses d'épargnes. Les campagnes sont totalement dépourvues de ces dernières institutions qui, dans les villes, rendent tant de services aux ouvriers économes. En établissant dans chaque commune des maisons d'asile, au moyen de souscriptions rapportant intérêt, cette lacune disparaîtrait tout naturellement.

Ces considérations doivent dissiper les répugnances, que l'idée d'associer l'intérêt à des œuvres de bienfaisance, aurait pu soulever chez certaines personnes généreuses. Qu'elles acceptent au contraire ce procédé comme un progrès important, comme un nouveau ressort dont l'emploi, entre leurs mains, sera précieux pour le soulagement des malheureux.

Il nous reste à démontrer que ce procédé est parfaitement applicable à la fondation des maisons d'apprentissage. Rien ne nous sera plus facile. Il nous suffira de rappeler que l'enfant occupé aux travaux de la campagne, peut, dès l'âge de six ans, subvenir à ses premiers besoins. L'exactitude de ce fait a été constatée dans les colonies agricoles de Belgique. Quant aux âges de cinq à six ans et au-dessous, c'est encore un fait admis que le produit du travail de l'enfant, de l'âge de 12 à 16 ou 18 ans, est plus que suffisant pour compenser les avances de nourriture, entretien, instruction et autres soins qu'il nécessite dans ses premières années. Il serait donc facile de rétablir l'équilibre dans le capital primitif, au moyen de retenues annuelles sur le produit du travail des enfants, pendant leurs dernières années de séjour dans les maisons rurales. En n'admettant que des enfants de 5 à 12 ans dans la première maison, les fonds consacrés à ces avances se trouveraient réduits à bien peu de chose. La presque totalité des capitaux serait employée en fourniture du mobilier industriel des enfants, mobilier qu'il serait extrêmement facile de conserver à sa valeur primitive, au moyen de retenues annuelles sur les produits de la maison. Il suffirait de ces considérations pour convaincre de la grande facilité de conserver aux souscripteurs des maisons d'asile la propriété de leur souscription.

Mais la bienfaisance ne consiste pas seulement à procurer le bien-être aux indigents ; c'est aussi faire acte de charité sociale que de réaliser des dispositions, fonder des institutions qui aient pour résultat d'accroître ce bien-être même ; augmenter la richesse des classes aisées, ou tout du moins, leur en faciliter les moyens. Tout ce qui tend à accroître la richesse générale, sans léser les intérêts des individus, est un bienfait. Et ce que nous disons de la richesse s'applique aussi aux autres éléments du bonheur, comme relations affectueuses, ordre et justice. Sous ces nouveaux rapports, l'établissement de nos maisons d'apprentissage mérite encore d'être considéré comme un grand bienfait. Il procurerait aux enfants des classes qui sont intermédiaires entre les classes riches et les classes pauvres, une éducation professionnelle, intellectuelle, morale et religieuse qu'il leur est impossible de trouver dans l'ordre actuel. Ne serait-il pas juste que ces familles, la plupart aisées, interviennent pour le soutien de ces établissements si profitables à leurs enfants? Ceux-ci, envoyés à l'école jusqu'à dix et douze ans, ne travaillent pas avant cet âge; ils restent à la charge de leurs parents. Pourquoi donc n'exigerait-on pas de ces derniers une modique rétribution, dût-elle se borner au strict nécessaire de l'enfant? Cette petite subvention refluerait sur les enfants plus pauvres, et permettrait d'élever d'autant leur bien-être; sans compter que celui-ci serait naturellement accru par les économies provenant du plus grand nombre d'enfants que cette disposition procurerait aux maisons d'apprentissage.

On arriverait ainsi à se créer une nouvelle source en garanties de succès, sans pour cela imposer de sacrifices à personne. En admettant un certain nombre d'enfants à titre gratuit, d'autres payant demi-pension, d'autres enfin payant pension entière, on serait assuré de se conformer aux besoins des diverses familles des classes laborieuses. On pourrait fixer la pension à 200 fr.; c'est le prix des instituteurs primaires qui ont des pensionnaires. Il est nombre de familles qui ne peuvent payer le prix des pensions et colléges, mais qui s'abonneraient d'autant plus volontiers à cette modique rétribution que l'enseignement des maisons d'apprentissage serait supérieur à celui des écoles élémentaires (voir 2ᵉ partie : *cadre de l'instruction*). On pourrait aussi adopter entre les trois cathégories d'enfants la proportion suivante : 1|6 de boursiers, 2|6 de demi-boursiers et 3|6 de pensionnaires. Cette proportion nous paraît éminemment juste et convenable sous tous les rapports; car elle suppose *sur 200 enfants de village : 33 élevés gratuitement et 66 élevés et instruits moyennant une somme qui ne dépasse pas ce que les enfants coûtent aux familles les plus pauvres !!!*

Remarquons ici que les maisons rurales ne seraient point des institutions dont l'influence directe sur les enfants dût s'arrêter lors de leur sortie. Il faudrait établir entre les enfants qui y seraient admis, des liens de solidarité tels, que cette influence se prolongeât efficacement pendant toute la vie de chacun d'eux. M. le prince de Chimay, dans son Prytanée industriel de Ménars, a institué une caisse de secours mutuels, dont les fonds sont prélevés sur le travail des élèves. Ceux-ci ont droit à ces secours, même après leur sortie de cet institut, et conservent des relations avec les directeurs, au moyen d'une correspondance trimestrielle. La moralité d'une telle disposition ressort d'elle-même. Non seulement il serait important d'établir une semblable institution dans les maisons d'asile ; mais rien ne serait plus religieux que de fonder une caisse analogue où les élèves, pendant comme après leur séjour dans l'établissement, verseraient un petit tribut annuel dans le but de rembourser ultérieurement à leurs parents les frais de pension et d'apprentissage. Cette nouvelle disposition ferait que la rétribution des parents ne devrait plus être considérée, qu'à titre de simples avances ; comme autant d'économies qu'ils placeraient dans les maisons rurales et qu'ils retrouveraient dans leur intégralité à l'époque de leur vieillesse. Nouvelle raison pour que les plus pauvres même adhèrent sans peine à une minime rétribution pour le placement de leurs enfants dans les maisons d'asile.

Bref, la proportion que nous venons d'établir entre

les trois cathégories d'enfants donnerait 133 fr. en
moyenne pour chaque enfant; c'est une somme suffisante pour subvenir à leurs principaux besoins : on sait
que les enfants-trouvés ne coûtent que 81 fr. à l'État,
et il suffit de consulter les statistiques pour se convain-
cre que les 2|3 des enfants de 6 à 12 ans en France dé-
pensent à peine 90 à 93 fr. en moyenue. Nous avons
dit précédemment que le travail des enfants suffit, l'ex-
périence l'a constaté, à leur strict nécessaire dès l'âge
de six ans. Voici une nouvelle disposition qui nous garantit un résultat pareil au moyen de la subvention fa-
miliale. C'est donc un double gage de succès. Disons-le
avec conviction, cette combinaison garantit non-seulement la conservation intégrale du capital de fondation
et un minimùm d'intérêt fixe aux souscripteurs, mais
elle laisse encore la certitude d'un surcroît de bénéfices
qu'il restera à répartir entre tous les intéressés de la
fondation.

Ces diverses considérations qu'il nous serait facile de multiplier
doivent satisfaire les personnes les plus exigeantes, celles qui ne
voudraient coopérer à la fondation des maisons rurales que sous le
rapport des bénéfices. N'est ce pas une brillante perspective pour
ceux qui seraient portés à prendre l'initiative de cette fondation par
l'établissement de la première maison rurale. Ne sont-ils pas assurés
de trouver, aussitôt après et dans chaque canton de la France, plus
de coopérateurs qu'il n'en faudra pour l'établissement général.
C'est une perspective qui n'est nullement exagérée et qui doit en-
g ger à contribuer à la première fondation tous ceux qui s'intéres-
sent véritablement au sort des malheureux, tous ceux qui ne sont
pas mus seulement par les sentiments d'égoïsme ; mais qui sont dési-
reux de s'illustrer en attachant leur nom à une œuvre utile et généreuse. «Il ne faut point, écrivait Napoléon au ministre de l'intérieur,
» il ne faut point passer sur cette terre sans laisser des traces qui re-
» commandent notre mémoire à la postérité. » Eh ! quel plus beau
moyen de transmettre son nom à la postérité que de l'identifi r à une
entreprise d'où dépend le bien être des classes   laborieuses!!!

(1) Détails complémentaires sur le capital de Fondation, les recettes et les dépenses annuelles d'une maison rurale d'apprentissage de 260 enfants; Statuts de la souscription de Fondation.

CAPITAL DE FONDATION

I. — Mobilier de ménage ; *neuf mille deux cents fr.*

ainsi répartis :

Linge de table et de cuisine,	1,000 fr.
Vaisselle de table, plats, assiettes, etc.	1,000
Verres, carafes, huiliers, salières, etc.	200
Couteaux de table, cuillers et fourchettes.	500
Vases et ustensiles de cuisine, fours, fourneaux, etc.	5,000
Appareils de chauffage et éclairage	2,000
Bouteilles, bariques et futailles.	400
Cuves et instruments de blanchissage.	1,300

II. — Mobilier agricole ; *neuf mille trois cents fr.*
ainsi répartis :

Vaches, chevaux et ânes.	1,200
Charrettes et tombereaux, selles et harnais,	1,800
Brebis et chèvres.	800
Oies, canards, poules, coqs et poulets.	600
Lapins et pigeons.	150
Vingt porcs à 20 fr.	350
Abeilles et ruchers.	800
Arbres à fruit et arbustes.	800
Graines légumineuses et floricoles.	500
Menus grains et graines pour la basse-cour.	500
Provision de fourrage.	600
Fumier.	1,200

III. — Outils et instruments ; *quatre mille fr.*

D'après la répartition suivante :

Outils et instruments pour les travaux sur bois.	1,200
Outils et instruments pour les travaux sur métaux.	800
Instruments pour les travaux des jeunes filles.	400
Outils et instruments d'horticulture.	700
Pompes et instruments d'arrosage.	900

A reporter 22,500

Report   22,500

IV. — MOBILIER DIVERS ; *six mille cent fr.*
ainsi répartis :

Bibliothèque.	2,000
Mobilier d'école et objets divers d'enseignement.	1,300
Instruments de musique.	1,200
Meubles divers.	1,600

V. — PROVISIONS; *douze mille deux cents fr.*
Savoir :

Matières premières pour les ateliers de fabrique.	1,600
Combustibles.	600
Provisions de subsistance pour six mois.	10,000

VI. — COMPLÉMENT DE TROUSSEAU pour les enfants
admis gratuitement ou à demi-pension;
neuf mille deux cents fr.
ainsi répartis :

LITERIE. —	90 garnitures de lit à 40 fr. l'une.	3,600
	180 paires de draps à 10 fr.	1,800
	180 couvertures aussi à 10 fr.	1,800
Plus :	200 couchettes pour tous les enfants.	2,000

VII. — FONDS DISPONIBLES :

dix mille fr. ci :	10,000
	60,000

Ce serait une mise hors de soixante mille fr. pour l'installation
des 200 enfants, soit 300 fr. pour chacun, sans compter toutefois
la valeur du domaine et les frais d'installation ; deux ordres de dépenses sujettes à varier, ainsi du reste que les précédentes ; suivant
que l'on donnera plus ou moins d'extension à l'agriculture ou à l'industrie. On peut fixer approximativement ces frais à 40,000 fr. pour
la propriété, et 10,000 fr. pour les frais de réparation et mise en
état. Ce serait donc un capital de 110 à 120 mille fr. qu'il faudrait
primitivement réaliser, sauf à l'augmenter ultérieurement en cas
d'extension de toutes ou de quelques-unes des industries de l'établissement ; et de même encore dans le cas où l'on en élèverait la
population.

RECETTES APRÈS UN AN D'EXERCICE ET AVEC UN DÉBUT DE 175 ENFANTS DE 5 A 12 ANS.

1° Pension de 66 enfants à 100 fr. 6,600
2° — de 100 enfants à 200 fr. 20,000
3° Recouvrement de la pension des 30 maîtres 6,000
4° Bénéfices des 200 enfants suivant leur classement
 par âges ; Savoir :
25 enfants de 5 à 6 ans pour mémoire.
25 — de 6 à 7 ans à 15 cent. par jour
   pendant 300 jour. 375
25 — de 7 à 8 ans à 20 cent. 1,500
25 — de 8 à 9 ans à 30. 2,250
25 — de 9 à 10 ans à 45 . . . . 3,375 28,125
25 — de 10 à 11 ans à 65. 4,875
25 — de 11 à 12 ans à 90. 6,750
25 — de 12 à 13 ans à 1 fr. 20. 9,000
50 Bénéfices de 20 maîtres à 1 fr. 50 pendant
 300 jours. 9,000

       Total des recettes 69,725

Cette estimation du travail des enfants de 6 à 13 ans, donne en moyenne 50 cent. par enfant. Il est certain que l'on dépassera ce chiffre dès que la population de la maison d'apprentissage aura son plein de 200 enfants. Si l'on tablait d'après ce qui a lieu dans l'ordre actuel, on devrait poser un chiffre moindre ; l'enfant de 6 à 13 ans ne doit pas produire en effet plus de 25 cent. par jour ; c'est à peu près ce qu'il dépense. Mais si l'on tient compte de l'augmentation du produit que la combinaison des travaux, la bonne répartition de toutes les forces actives des enfants devenus plus intelligents, on reconnaîtra que nous avons compté au plus bas ; parce qu'il n'est pas douteux que par l'emploi de ces nouveaux moyens, l'on ne parvienne à tripler le produit du travail. Le maraîcher atteint même au quadruple, rien que par une culture plus intelligente, Or, le quadruple produit général, comprend le sextuple produit des enfants. Nous ne l'avons que doublé ! Quant à la période de transition pendant laquelle les enfants se dégrossiront, s'habitueront au travail, et n'auront pas d'ailleurs atteint le chiffre de 200, comme l'admission commencera par les enfants payants, il est évident que l'on pourra se dispenser, durant cette transition, de compter sur les bénéfices des enfants, le prix de pension les remplaçant largement.

DÉPENSES DE DEUXIÈME ANNÉE D'EXERCICE.

Nourriture de 200 enfants à 40 cent. par jour   29,200
Entretien du trousseau de ces enfants.   4,400
Avance de nourriture et minimum d'appointements
     de 25 maîtres conducteurs   7,500
Blanchissage   2,000
Chauffage et éclairage.   2,000
Entretien du mobilier.   1,000
Directeurs, instituteurs.   2,400
Frais d'école.   600
Frais de bureau.   600
Minimum d'intérêts fixes aux souscripteurs   5,000
Impôts, assurances et annuités pour l'amortissement
     des frais d'installation.   2,000
Imprévu.   1,000

     total des dépenses   57,700
Défalquant cette dépense de la recette montant à   69, 725

Il resterait un surcroit de bénéfice de   12,025
dont une moitié serait répartie aux maîtres instructeurs et enfants
au-dessus de 9 ans, puis l'autre moitié destinée en partie à augmenter
les intérêts des souscripteurs et constituer des primes d'encourage-
ment pour les enfants de tous les âges, suivant du reste les réglements
adoptés à cet égard, (répartition par 1⁄6, 2⁄6, 3⁄6). La part qui re-
viendrait à chaque enfant serait ensuite affectée aux divers emplois,
caisse de secours, amortissement des avances de pension, constitu-
tion de leur dot, etc. suivant qu'il serait décidé par le conseil de famille. (Voy. *Statuts.*)

D'après cette estimation des dépenses de la maison d'apprentissage
chaque enfant couterait en moyenne pour frais de nourriture, entretien et blanchissage 50 cent. par jour ; c'est le double de ce que les
enfants du peuple dépensent. Il est même permis de penser qu'en
fixant seulement ce chiffre à 50 cent. on pourrait leur procurer un
bien-être supérieur à celui qu'ils trouveraient dans leurs familles
pour 50 cent.; et cela à cause des économies que procurent toujours
les grandes réunions. De sorte qu'en réduisant de moitié les bénéfices des enfants estimés d'autre part à 50 cent. (28,125 fr.); on
atteindrait néanmoins à une pondération, telle que la tombée de
balance serait toujours en faveur des recettes : condition essentielle
en équilibre financier.

STATUTS DE LA SOUSCRIPTION.

Formation du capital de dotation enfantine.

1. Il est ouvert une souscription pour la fondation à Maintré commune de St-Benoît près Poitiers, d'une Maison rurale d'asile et d'apprentissage pour 200 enfants de 5 à 12 ans.

2. Les fonds de cette souscription seront employés conformément au devis approximatif ci-annexé, à l'acquisition de tous les objets nécessaires pour l'apprentissage des enfants, leur instruction et leur installation dans la maison.

3. Le chiffre de la souscription est primitivement fixé à 60,000 fr. pour les 200 enfants : 300 fr. pour chacun ; l'ensemble de ce capital porte le nom de *dotation industrielle* ou *d'apprentissage*.

4: Le chiffre des souscriptions individuelles est laissé à la volonté de chaque souscripteur. On reçoit les plus petites sommes.

5. Les souscriptions seront versées entre les mains des directeurs de l'établissement, en totalité ou par moitié à trois mois de distance au gré de chaque souscripteur.

6. Les personnes qui offriraient des garanties suffisantes, seront admises à verser leur souscription par dixièmes pendant une période de dix ans ; mais cela seulement après que la moitié du capital de dotation aura été souscrit.

7. Seuls, les fondateurs qui effectuent l'apport du domaine et des fonds nécessaires à la mise en état du local, sont admis à user de cette faculté dès les débuts.

8. Chacun des souscripteurs fixera ultérieurement l'époque de remboursement de sa souscription ; mais nul ne pourra être remboursé avant que la Maison n'ait atteint une population de 120 enfants au moins.

Intérêts des souscripteurs.

9. Il sera accordé aux souscripteurs un minimum d'intérêt fixe de 3 0/10 la première année , 3 1/2 la seconde et 4 la troisième ; mais à dater seulement du jour où la population de la Maison sera de 60 enfants.

10. Cet avantage n'est pas garanti aux souscripteurs versant leur souscription par dixième ; ils devront au contraire joindre à leur

versement annuel l'intérêt de la somme dont il leur resterait encore à effectuer le paiement.

11. Tous les souscripteurs, chacun en proportion de sa souscription, auront droit à une part dans les bénéfices provenant de la vente des produits de la Maison.

12. Les réglements intérieurs détermineront le mode de répartition de cet excédant de bénéfices entre les divers coopérateurs : souscripteurs, maîtres conducteurs, apprentis et même salariés.

Conventions générales en admission des enfants.

13 On n'admettra d'enfants que ceux présentés par les souscripteurs, en tant toutefois qu'ils rempliront les conditions d'âge, de sexe ou autres quelconques demandées.

14. On distinguera trois cathégories d'enfants repartis dans la proportion suivante : 1/6 de boursiers, 2/6 de demi boursiers et 3/6 de pensionnaires, payant 200 fr.

15. Leur installation se fera par essaims successifs, et dans chaque essaim l'admission commencera par les enfants payants; le premier est limité à 60.

16. Les souscripteurs qui auraient déjà fait admettre trois enfants, seront dispensés de se conformer à ces diverses conditions.

17. Le souscripteur dont le protégé aura atteint sa treizième année, pourra en faire admettre un autre de même cathégorie et âgé de cinq ans.

Prérogatives des souscripteurs en admission.

18. Le bienfaiteur qui aura souscrit pour 500 fr., aura le droit de présenter un enfant indigent, ou un orphelin, ou bien deux enfants dont l'un demi boursier et l'autre pensionnaire

19. Celui qui aura souscrit pour 300 fr., pourra présenter un enfant payant demi pension.

20. Celui qui aura souscrit pour 200 fr., pourra présenter un enfant payant pension entière.

21. Plusieurs personnes réunies jouiront des mêmes droits et prérogatives.

22. De même une seule personne qui aura souscrit pour une somme multiple des précédentes, jouira de tous les droits que chacune d'elle confère.

23. A égalité de prérogatives, la préférence en présentation est accordée au plus ancien souscripteur.

24 Cependant les souscripteurs versant par dixième, ne sont pas admis à faire valoir le mérite d'ancienneté auprès des autres souscripteurs.

Dispositions fondamentales,

25. L'emploi des fonds de la présente souscription sera surveillé par un comité de souscripteurs, lequel, sous le nom de Conseil de famille, aura entre autres attributions, celle de surveiller aussi la tenue des enfants.

26. L'inventaire de tous les objets faisant partie de la dotation industrielle des enfants, sera inscrit sur un livre spécial, et soumis à l'approbation de ce Conseil.

27. Des gérants honoraires, désignés par les fondateurs et souscripteurs primitifs, puis les parents (souscripteurs aussi) des premiers enfants payants, constitueront ce conseil de famille.

28. Les fonctions de ce conseil seront purement officieuses et n'entraîneront aucune responsabilité.

29. Les directeurs au contraire fourniront un cautionnement, et seront responsables de l'emploi des fonds qui n'aurait pas reçu l'approbation du Conseil de famille.

58. Ils font, pour la fondation de la maison d'asile, l'apport d'un domaine sur lequel sera inscrit leur cautionnement, et dont les conventions seront soumises à l'acceptation du Conseil de famille.

51. Le règlement constitutif de ce Conseil, sera soumis à l'approbation des principaux souscripteurs antérieurs à son organisation.

52. Enfin le titre définitif des souscripteurs devra être revêtu de la signature de l'un des membres de ce Conseil, président ou trésorier, suivant qu'il aura été décidé.

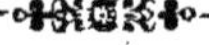

Extrait de la 2e partie de cette notice.

CONDITION D'ADMISSION DES ENFANTS PAYANTS.

Les enfants devront apporter à leur entrée dans la Maison, un trousseau composé ainsi qu'il suit : 3 vêtures complètes pour les trois saisons (*chaude, froide et tempérée*) ; 2 sarraux de travail ; 4 chemises ; 4 paires de bas ; 6 mouchoirs ; 4 cravattes, (remplacées par 4 fichus pour les filles) ; 2 bonnets de nuit ; 1 chapeau (les filles 2 bonnets) ; 2 paires de souliers ; 2 essuie-mains ; 2 paires de draps ; 2 couvertures ; 1 matelas ; 1 traversin ; 1 oreiller et 2 taies d'oreiller.

L'établissement se charge de fournir tous les objets de literie moyennant une somme de 90 fr. — On se charge aussi de l'entretien de tout le trousseau qui est rendu aux enfants à leur sortie de la Maison. — On pourra exiger ultérieurement des parents, la fourniture d'un habillement d'uniforme. — Il est facultatif aux parents d'augmenter le trousseau de leurs enfants suivant leur convenance.

Le prix de pension est fixé à 200 fr. par an jusqu'à l'âge de douze ans, inclusivement. Moyennant cette rétribution les enfants recevront l'éducation professionnelle pratique dans les différentes industries organisées ; et l'instruction primaire élémentaire dans les limites prescrites par la loi de 1833. — Dès que la maison aura atteint le chiffre de 120 enfants, l'enseignement primaire supérieur leur sera également donné. Néanmoins sur la demande de 10 enfants qui paieraient annuellement 50 fr. de supplément, cet enseignement serait organisé pour eux. Cette rétribution supplémentaire serait réduite à 40 fr. si le nombre de ces élèves s'élevait à 20 ; et à 30 fr. seulement si ce nombre allait jusqu'à 30. — Les frais de maladie demeurent à la charge des parents jusqu'à ce que le nombre des enfants atteigne 60 ; alors ces frais retomberont sur l'établissement.

Avantage immense concédé aux premiers enfants.

Lorsque la première Maison rurale aura atteint le chiffre de 60 enfants ; les 50 premiers admis d'abord à titre de pensionnaires seront tous admis à ne plus payer que demi-pension ; ceux d'entre eux qui se seront montrés les plus laborieux et les plus studieux obtiendront même une remise complète du prix de pension.

Industries fondamentales de la première Maison Rurale.

Travaux de culture. — 1º Culture des menus grains et graines pour les animaux et volailles; — 2º Jardins et Parterres; — 3. Vergers; — 4. Serres; — 5. Pépinières; — 6. Prairies; — 7. Abeillerie; — Étables, Écuries et Bergeries.

Travaux de fabrique. — 9. Menuiserie, Ébénisterie; 10. Vannerie et ouvrages en paille; — 11. Forge et Serrurerie; — Ferblanterie; — 13. Confiserie; — 14. Parfumerie; — 15. Fleurs artificielles et Cartonnerie; — 16. Broderie et Tapisserie.

Travaux de ménage. — 17. Cuisine et office; — 18. Boulangerie; — 19 Laiterie et Fromagerie; — 20. Conserve de fruits et legumes; — 21. Lingerie et Couture; — 22. Blanchissage; — 23. Service de l'intérieur de la maison; — 24. Service de la basse-cour (porcs, volailles, lapins)...

Principaux objets de l'enseignement intellectuel.

Instruction morale et religieuse; lecture et écriture; éléments de la langue française; calcul et système légal des poids et mesures; géométrie usuelle et mécanique industrielle; tenue des livres; notions d'économie rurale et domestique; chant et dessin linéaire; éléments de géographie et d'histoire, notions élémentaires sur les sciences physiques et naturelles.

PARIS. — Imp. de Lacour et Comp., rue St-Hyacinthe-St-Michel, 33.